Andrew (

CW00487084

Por United

https://campsite.bio/unitedlibrary

Índice

Descargo de responsabilidad

Este libro biográfico es una obra de no ficción basada en la vida pública de una persona famosa. El autor ha utilizado información de dominio público para crear esta obra. Aunque el autor ha investigado a fondo el tema y ha intentado describirlo con precisión, no pretende ser un estudio exhaustivo del mismo. Las opiniones expresadas en este libro son exclusivamente las del autor y no reflejan necesariamente las de ninguna organización relacionada con el tema. Este libro no debe tomarse como un aval, asesoramiento legal o cualquier otra forma de consejo profesional. Este libro se ha escrito únicamente con fines de entretenimiento.

Introducción

Embárquese en un apasionante viaje a través de la extraordinaria vida de Andrew Carnegie, el industrial y filántropo estadounidense que dejó una huella indeleble en la historia. Nacido en Escocia en 1835, la familia de Carnegie emigró a Estados Unidos cuando él tenía 12 años, preparando el terreno para su notable ascenso en la industria siderúrgica del siglo XIX. Como figura clave en la expansión del sector siderúrgico estadounidense, el nombre de Carnegie se convirtió en sinónimo de riqueza, lo que le convirtió en uno de los estadounidenses más ricos de la historia.

En un momento crucial, Carnegie vendió su Carnegie Steel Company a J. P. Morgan en 1901, operación que sentó las bases de la U.S. Steel Corporation. A continuación, reorientó su actividad hacia la filantropía, donando la asombrosa cifra de 350 millones de dólares (equivalentes a 5.900 millones de dólares actuales) en los últimos 18 años de su vida. Su influyente artículo de 1889, "El Evangelio de la Riqueza", instaba a los ricos a utilizar sus riquezas para mejorar la sociedad, lo que dio lugar a una oleada filantrópica.

Esta biografía explora el polifacético legado de Carnegie, desde sus proezas industriales hasta sus transformadores esfuerzos filantrópicos. Sus contribuciones incluyen la financiación del Carnegie Hall, la promoción de la paz mundial a través del Palacio de la Paz de La Haya y la creación de instituciones como la Carnegie Corporation de Nueva York y la Universidad Carnegie Mellon. El impacto perdurable de Carnegie en las bibliotecas, la educación y la investigación científica sigue resonando hoy en día, configurando el panorama de la filantropía y el progreso de la sociedad.

Andrew Carnegie

Andrew Carnegie (25 de noviembre de 1835 - 11 de agosto de 1919) fue un industrial y filántropo estadounidense. Carnegie lideró la expansión de la industria siderúrgica estadounidense a finales del siglo XIX y se convirtió en uno de los estadounidenses más ricos de la historia. Se convirtió en uno de los principales filántropos de Estados Unidos, Gran Bretaña y el Imperio Británico. Durante los últimos 18 años de su vida, donó unos 350 millones de dólares (unos 5.900 millones de dólares en 2022), casi el 90% de su fortuna, a organizaciones benéficas, fundaciones y universidades. Su artículo de 1889 proclamando "El Evangelio de la Riqueza" instaba a los ricos a utilizar su riqueza para mejorar la sociedad, expresaba su apoyo a los impuestos progresivos y a un impuesto sobre el patrimonio, y estimuló una oleada de filantropía.

Carnegie nació en Dunfermline (Escocia) y emigró a lo que hoy es Pittsburgh (Pensilvania, Estados Unidos) con sus padres en 1848, a la edad de 12 años. Carnegie empezó a trabajar como telegrafista y en la década de 1860 ya había invertido en ferrocarriles, coches cama, puentes y torres petrolíferas. Acumuló más riqueza como vendedor de bonos, recaudando dinero para empresas americanas en Europa. Creó la Carnegie Steel Company de Pittsburgh, que vendió a J. P. Morgan en 1901 por 303.450.000 dólares (equivalentes a 10.674.160.000 dólares actuales); constituyó la base de la U.S. Steel Corporation. Tras vender Carnegie Steel, superó a John D. Rockefeller como el estadounidense más rico de la época.

Carnegie dedicó el resto de su vida a la filantropía a gran escala, con especial énfasis en la construcción de bibliotecas locales, la paz mundial, la educación y la investigación científica. Financió el Carnegie Hall de Nueva York, el Palacio de la Paz de La Haya, fundó la Carnegie Corporation de Nueva York, la Dotación Carnegie para la Paz Internacional, la Institución Carnegie para la Ciencia, el Fondo Carnegie para las Universidades de Escocia, el Fondo Carnegie para los Héroes, la Universidad Carnegie Mellon y los Museos Carnegie de Pittsburgh, entre otros.

Biografía

Primeros años

Andrew Carnegie nació de Margaret Morrison Carnegie y William Carnegie en Dunfermline, Escocia, en una típica casita de tejedor con una sola habitación principal, que consistía en la mitad de la planta baja, y que se compartía con la familia del tejedor vecino. La habitación principal servía de salón, comedor y dormitorio. Llevaba el nombre de su abuelo paterno. En 1836, la familia se trasladó a una casa más grande en Edgar Street (frente a Reid's Park), a raíz de la demanda de damasco más pesado, de la que se benefició su padre. Fue educado en la Free School de Dunfermline, regalo a la ciudad del filántropo Adam Rolland of Gask.

El tío materno de Carnegie, el líder político escocés George Lauder Sr., influyó profundamente en él de niño al presentarle los escritos de Robert Burns y héroes históricos escoceses como Robert the Bruce, William Wallace y Rob Roy. El hijo de Lauder, también llamado George Lauder, creció con Carnegie y se convirtió en su socio comercial. Cuando Carnegie tenía 12 años, su padre atravesaba tiempos difíciles como tejedor de telares manuales. Para empeorar las cosas, el país pasaba hambre. Su madre ayudaba a mantener a la familia ayudando a su hermano y vendiendo botes de carne en su "tienda de golosinas", por lo que ella era el principal sostén de la familia. Luchando por llegar a fin de mes, los Carnegie decidieron entonces pedir dinero prestado a George Lauder, padre, y trasladarse a Allegheny, Pensilvania, en Estados Unidos, en 1848, ante la perspectiva de una vida mejor. La emigración de Carnegie a América sería su segundo viaje fuera de Dunfermline; el primero fue una excursión a Edimburgo para ver a la reina Victoria.

En septiembre de 1848, Carnegie llegó con su familia a Allegheny. El padre de Carnegie luchó por vender su producto por su cuenta. Finalmente, padre e hijo recibieron ofertas de trabajo en la misma fábrica de algodón de propiedad escocesa, Anchor Cotton Mills. El primer trabajo de Carnegie en 1848 fue como canillero, cambiando bobinas de hilo en una fábrica de algodón de Pittsburgh 12 horas al día, 6 días a la semana. Su salario inicial era de 1,20 dólares a la semana (41 dólares según la inflación de 2023).

Su padre renunció a su puesto en la fábrica de algodón poco después, volviendo a su telar y destituyéndole de nuevo como sostén de la familia. Pero Carnegie atrajo la atención de John Hay, un fabricante escocés de bobinas, que le ofreció un trabajo por 2 dólares a la semana (68 dólares según la inflación de 2023). En su autobiografía,

Carnegie escribe sobre las penurias que tuvo que soportar con este nuevo empleo.

Poco después, el señor John Hay, un colega escocés fabricante de bobinas en Allegheny City, necesitaba un muchacho y me preguntó si no quería trabajar para él. Fui, y recibí dos dólares por semana; pero al principio el trabajo era aún más fastidioso que la fábrica. Tenía que hacer funcionar una pequeña máquina de vapor y encender la caldera en el sótano de la fábrica de bolillos. Era demasiado para mí. Me encontraba noche tras noche sentada en la cama probando los manómetros de vapor, temiendo en un momento que el vapor fuera demasiado bajo y que los trabajadores de arriba se quejaran de que no tenían suficiente potencia, y en otro momento que el vapor fuera demasiado alto y que la caldera pudiera reventar.

Telégrafo

En 1849, Carnegie se hizo mensajero telegráfico en la oficina de Pittsburgh de la Ohio Telegraph Company, a 2,50 dólares semanales (88 dólares según la inflación de 2023) por recomendación de su tío. Era muy trabajador y memorizaba todas las ubicaciones de los negocios de Pittsburgh y las caras de los hombres importantes. Hizo muchas conexiones de esta manera. También prestaba mucha atención a su trabajo y aprendió rápidamente a distinguir los diferentes sonidos que producían las señales telegráficas entrantes. Desarrolló la habilidad de traducir las señales de oído, sin utilizar el resguardo de papel, y al cabo de un año fue ascendido a operador. La educación de Carnegie y su pasión por la lectura recibieron un impulso del coronel James Anderson, que abría su biblioteca personal de 400 volúmenes a los chicos trabajadores todos los sábados por la noche. Carnegie fue un prestatario constante y un "hombre hecho a sí mismo" tanto en su desarrollo económico como en el intelectual y cultural. Estaba tan agradecido al coronel Anderson por el uso de su biblioteca que "resolvió, si alguna vez me llegaba la riqueza, [ocuparse] de que otros chicos pobres recibieran oportunidades similares a aquellas por las que estábamos en deuda con el noble". Su capacidad, su disposición para el trabajo duro, su perseverancia y su agudeza mental pronto le brindaron oportunidades.

Ferrocarriles

A partir de 1853, cuando Carnegie tenía unos 18 años, Thomas A. Scott, del Ferrocarril de Pensilvania, le contrató como secretario/operador de telégrafos con un salario de 4 dólares a la semana (141 dólares según la inflación de 2023). Carnegie aceptó el trabajo en el ferrocarril porque veía más perspectivas de crecimiento profesional y experiencia allí que en la compañía de telégrafos. A la edad de 24 años, Scott preguntó a Carnegie si podía asumir el cargo de superintendente de la División Oeste del Ferrocarril de Pensilvania. El 1 de diciembre de 1859, Carnegie se convirtió oficialmente en superintendente de la División Oeste. Carnegie contrató entonces a su hermano Tom, de dieciséis años, para que fuera su secretario personal y telegrafista. Carnegie no sólo contrató a su hermano, sino también a su prima, Maria Hogan, que se convirtió en la primera mujer telegrafista del país. Como superintendente, Carnegie ganaba un sueldo de 1.500 dólares al año (49.000 dólares según la inflación de 2023). Su empleo en el Ferrocarril de Pensilvania sería vital para su éxito posterior. Los ferrocarriles fueron las primeras grandes empresas de Estados Unidos, y el Pennsylvania era una de las más grandes de todas. Carnegie aprendió mucho sobre gestión y control de costes durante estos años, y de Scott en particular.

Scott también le ayudó con sus primeras inversiones. Muchas de ellas formaban parte de la corrupción consentida por Scott y el presidente del Ferrocarril de Pennsylvania, John Edgar Thomson, que consistía en operaciones internas en empresas con las que el ferrocarril hacía negocios, o en pagos realizados por las partes contratantes "como parte de un quid pro quo". En 1855, Scott hizo posible que Carnegie invirtiera 500 dólares en la Adams Express Company, que contrataba con el Pennsylvania el transporte de sus mensajeros. El dinero estaba garantizado por la hipoteca de 600 dólares que su madre había concedido sobre la casa familiar de 700 dólares, pero la oportunidad sólo estaba disponible gracias a la estrecha relación de Carnegie con Scott. Unos años más tarde, recibió algunas acciones de la empresa de coches cama de Theodore Tuttle Woodruff como recompensa por poseer acciones que Woodruff había entregado a Scott y Thomson, como pago. Reinvirtiendo sus beneficios en esas inversiones internas en industrias relacionadas con el ferrocarril (hierro, puentes y raíles), Carnegie fue acumulando poco a poco capital, la base de su éxito posterior. A lo largo de su carrera, aprovechó sus estrechas relaciones con Thomson y Scott para establecer empresas que suministraban raíles y puentes al ferrocarril, ofreciéndoles participaciones en sus empresas.

1860-1865: Guerra Civil Americana

Antes de la Guerra Civil estadounidense, Carnegie organizó una fusión entre la empresa de Woodruff y la de George Pullman, inventor del coche cama para viajes en primera clase, que facilitaba los viajes de negocios a distancias superiores a 500 millas (800 km). La inversión resultó un éxito y una fuente de beneficios para Woodruff y Carnegie. El joven Carnegie siguió trabajando para Tom Scott, de Pensilvania, e introdujo varias mejoras en el servicio.

En la primavera de 1861, Carnegie fue nombrado por Scott, que ahora era Subsecretario de Guerra a cargo del transporte militar, Superintendente de los Ferrocarriles Militares y de las líneas telegráficas del Gobierno de la Unión en el Este. Carnegie ayudó a abrir las líneas ferroviarias hacia Washington D.C. que los rebeldes habían cortado; montó en la locomotora que tiraba de la primera brigada de tropas de la Unión que llegó a Washington D.C. Tras la derrota de las fuerzas de la Unión en Bull Run, supervisó personalmente el transporte de las fuerzas derrotadas. Bajo su organización, el servicio telegráfico prestó un servicio eficiente a la causa de la Unión y contribuyó significativamente a la victoria final. Carnegie bromeó más tarde diciendo que él fue "la primera baja de la guerra" cuando se hizo una cicatriz en la mejilla al liberar un cable de telégrafo atrapado.

La derrota de la Confederación requirió vastos suministros de municiones y ferrocarriles (y líneas telegráficas) para entregar las mercancías. La guerra demostró la importancia de estas industrias para el éxito de Estados Unidos.

Compañía de puentes Keystone

En 1864, Carnegie fue uno de los primeros inversores en la Columbia Oil Company del condado de Venango, Pensilvania. En un año, la empresa produjo más de un millón de dólares en dividendos en efectivo, y el petróleo de los pozos petrolíferos de la propiedad se vendió de forma rentable. La demanda de productos de hierro, como blindaje para cañoneras, cañones y proyectiles, así como un centenar de otros productos industriales, convirtió a Pittsburgh en un centro de producción en tiempos de guerra. Carnegie colaboró con otros en el establecimiento de una fábrica de laminación de acero, y la producción de acero y el control de la industria se convirtieron en la fuente de su fortuna. Carnegie había realizado algunas inversiones en la industria del hierro antes de la guerra.

Tras la guerra, Carnegie abandonó los ferrocarriles para dedicarse al negocio de la fundición. Carnegie trabajó en el desarrollo de varias ferrerías, creando finalmente la Keystone Bridge Works y la Union Ironworks, en Pittsburgh. Aunque había abandonado la Pennsylvania Railroad Company, siguió vinculado a sus directivos, a saber, Thomas A. Scott y J. Edgar Thomson. Utilizó su relación con estos dos hombres para conseguir contratos para su Keystone Bridge Company y los raíles producidos por su herrería. También dio acciones de sus empresas a Scott y Thomson, y la Pennsylvania fue su mejor cliente. Cuando construyó su primera planta siderúrgica, decidió ponerle el nombre de Thomson. Además de buen olfato para los negocios, Carnegie poseía encanto y conocimientos literarios. Era invitado a muchas funciones sociales importantes, que Carnegie aprovechaba en su beneficio.

Carnegie, a través de Keystone, suministró el acero para el histórico proyecto del puente Eads sobre el río Mississippi en St. Louis, Missouri (finalizado en 1874), del que era propietario. Este proyecto fue una importante prueba de concepto de la tecnología del acero, que marcó la apertura de un nuevo mercado del acero.

Carnegie creía en utilizar su fortuna para los demás y en hacer algo más que ganar dinero. Escribió:

Propongo tener unos ingresos no superiores a 50.000 dólares anuales. Más allá de esto no necesito ganar nunca, no hacer ningún esfuerzo para aumentar mi fortuna, ¡sino gastar el excedente cada año en fines benévolos! Dejemos de lado los negocios para siempre, excepto para los demás. Instalémonos en Oxford y recibiré una educación completa, conociendo a hombres de letras. Calculo que esto me llevará tres años de trabajo activo. Prestaré especial atención a hablar en público. Podemos instalarnos en Londres y comprar una participación mayoritaria en algún periódico o revista en vivo y prestarle atención a la dirección general, tomando parte en los asuntos públicos, especialmente los relacionados con la educación y la mejora de las clases más pobres. El hombre no debe tener ídolos, y la acumulación de riquezas es una de las peores especies de idolatría. No hay ídolo más degradante que la adoración del dinero. Cualquier cosa a la que me dedique debe empujarme desmesuradamente; por lo tanto, debo tener cuidado de elegir aquella vida que sea la más elevadora en su carácter. Continuar mucho más tiempo abrumado por las preocupaciones de los negocios y con la mayor parte de mis pensamientos enteramente puestos en la manera de ganar más dinero en el menor tiempo posible, debe degradarme más allá de toda esperanza de recuperación permanente. Renunciaré a los negocios a los treinta y cinco años, pero durante los dos años siguientes deseo pasar las tardes recibiendo instrucción y leyendo sistemáticamente.

Industrial

1875-1900: El imperio del acero

Carnegie hizo su fortuna en la industria siderúrgica, controlando las operaciones integradas de hierro y acero más extensas jamás poseídas por un individuo en Estados Unidos. Una de sus dos grandes innovaciones fue la producción masiva, barata y eficaz de acero mediante la adopción y adaptación del proceso Bessemer, que permitía quemar de forma controlada y rápida el alto contenido de carbono del arrabio durante la producción de acero. Como resultado, los precios del acero bajaron y el acero Bessemer se adoptó rápidamente para los raíles; sin embargo, no era adecuado para edificios y puentes.

La segunda fue su integración vertical de todos los proveedores de materias primas. En 1883, Carnegie compró la rival Homestead Steel Works, que incluía una extensa planta servida por yacimientos tributarios de carbón y hierro, un ferrocarril de 684 km de longitud y una línea de barcos de vapor lacustres. A finales de la década de 1880, Carnegie Steel era el mayor fabricante de arrabio, raíles de acero y coque del mundo, con una capacidad de producción de aproximadamente 2.000 toneladas de arrabio al día.

En 1889, la producción de acero de Estados Unidos superaba a la del Reino Unido, y Carnegie poseía gran parte de ella. El imperio de Carnegie creció hasta incluir la J. Edgar Thomson Steel Works de Braddock (llamada así por John Edgar Thomson, antiguo jefe de Carnegie y presidente del Ferrocarril de Pensilvania), la Pittsburgh Bessemer Steel Works, los hornos Lucy, la Union Iron Mills, la Union Mill (Wilson, Walker & County), la Keystone Bridge Works, la Hartman Steel Works, la Frick Coke Company y las minas de mineral de Scotia. Carnegie combinó sus activos y los de sus socios en 1892 con el lanzamiento de la Carnegie Steel Company.

El éxito de Carnegie se debió también a su relación con las industrias ferroviarias, que no sólo dependían del acero para las vías, sino que también ganaban dinero con el transporte del acero. Los barones del acero y del ferrocarril trabajaron estrechamente para negociar los precios en lugar de permitir la competencia del libre mercado.

Además de la manipulación del mercado por parte de Carnegie, los aranceles comerciales de Estados Unidos también favorecían a la industria siderúrgica. Carnegie gastó energía y recursos presionando al Congreso para que continuaran los aranceles favorables con los que ganaba millones de dólares al año. Carnegie trató de mantener oculta esta información, pero unos documentos legales publicados en 1900, durante un proceso con el ex presidente de Carnegie Steel, Henry Clay Frick, revelaron lo favorables que habían sido los aranceles.

1901: U.S. Steel

En 1901, Carnegie tenía 65 años y se planteaba la jubilación. Reformó sus empresas en sociedades anónimas convencionales como preparación para ello. John Pierpont Morgan era banquero y el negociante financiero más importante de Estados Unidos. Había observado la eficiencia con la que Carnegie obtenía beneficios. Imaginó una industria siderúrgica integrada que redujera costes, bajara los precios a los consumidores, produjera en mayores cantidades y aumentara los salarios a los trabajadores. Para ello, necesitaba comprar Carnegie y varios otros grandes productores e integrarlos en una sola empresa, eliminando así la duplicación y el despilfarro. El 2 de marzo de 1901 concluyó las negociaciones y formó la United States Steel Corporation. Fue la primera corporación del mundo con una capitalización bursátil superior a 1.000 millones de dólares.

La compra, negociada en secreto por Charles M. Schwab (sin relación con Charles R. Schwab), fue la mayor adquisición industrial de este tipo en la historia de Estados Unidos hasta la fecha. Las participaciones se incorporaron a la United States Steel Corporation, un fideicomiso organizado por Morgan, y Carnegie se retiró de los negocios. Sus empresas siderúrgicas fueron adquiridas por 303.450.000 dólares.

La parte que le correspondía a Carnegie ascendía a 225,64 millones de dólares (en 2022, 7.940 millones de dólares), que se le pagaron en forma de bonos de oro al 5% a 50 años. La carta por la que se comprometía a vender su parte se firmó el 26 de febrero de 1901. El 2 de marzo, la circular que formalizaba la organización y capitalización (a 1.400 millones de dólares -el 4% del producto interior bruto estadounidense de la época) de la United States Steel Corporation completó realmente el contrato. Los bonos debían entregarse en un plazo de dos semanas a la Hudson Trust Company de Hoboken, Nueva Jersey, a nombre de Robert A. Franks, secretario de negocios de Carnegie. Allí se construyó una cámara acorazada especial para albergar el grueso físico de los bonos por valor de casi 230 millones de dólares.

Académico y activista

1880-1900

Carnegie continuó su carrera empresarial; algunas de sus intenciones literarias se cumplieron. Entabló amistad con el poeta inglés Matthew Arnold, el filósofo inglés Herbert Spencer y el humorista estadounidense Mark Twain, además de mantener correspondencia y conocer a la mayoría de los presidentes, estadistas y escritores notables de Estados Unidos.

Carnegie construyó unas cómodas bañeras para los habitantes de su ciudad natal, Dunfermline, en 1879. Al año siguiente, Carnegie donó 8.000 libras para la creación de la Biblioteca Carnegie de Dunfermline, en Escocia. En 1884, donó 50.000 dólares al Bellevue Hospital Medical College (ahora parte del Centro Médico de la Universidad de Nueva York) para fundar un laboratorio histológico, ahora llamado Laboratorio Carnegie.

En 1881, Carnegie llevó a su familia, incluida su madre de 70 años, de viaje al Reino Unido. Recorrieron Escocia en autocar y disfrutaron de varias recepciones por el camino. El punto culminante fue el regreso a Dunfermline, donde la madre de Carnegie colocó la primera piedra de una Biblioteca Carnegie que él mismo financió. Las críticas de Carnegie a la sociedad británica no significaban antipatía;

al contrario, una de las ambiciones de Carnegie era actuar como catalizador de una estrecha asociación entre los pueblos de habla inglesa. Con este fin, a principios de la década de 1880, en asociación con Samuel Storey, compró numerosos periódicos en Gran Bretaña, todos los cuales debían abogar por la abolición de la monarquía y el establecimiento de "la República Británica". El encanto de Carnegie, ayudado por su riqueza, le granjeó muchos amigos británicos, entre ellos el Primer Ministro William Ewart Gladstone.

En 1886, Thomas, el hermano menor de Carnegie, murió a los 43 años. Mientras poseía acerías, Carnegie había comprado a bajo precio los yacimientos de mineral de hierro más valiosos de los alrededores del lago Superior.

Tras su gira por el Reino Unido, escribió sobre sus experiencias en un libro titulado *An American Four-in-hand in Britain*. En 1886, Carnegie escribió su obra más radical hasta la fecha, titulada *Triumphant Democracy*. Liberal en el uso de estadísticas para exponer sus argumentos, el libro defendía su opinión de que el sistema de gobierno republicano estadounidense era superior al sistema monárquico británico. Ofrecía una visión muy favorable e idealizada del progreso estadounidense y criticaba a la familia real británica. La portada mostraba una corona real volcada y un cetro roto. El libro creó una considerable controversia en el

Reino Unido. El libro hizo que muchos estadounidenses apreciaran el progreso económico de su país y vendió más de 40.000 ejemplares, la mayoría en Estados Unidos.

Aunque participaba activamente en la gestión de sus numerosos negocios, Carnegie se había convertido en colaborador habitual de numerosas revistas, entre las que destacaban *The Nineteenth Century*, bajo la dirección de James Knowles, y la influyente North *American Review*, dirigida por el editor Lloyd Bryce. En 1889, Carnegie publicó "Wealth" en el número de junio de la North *American Review*. Tras leerlo, Gladstone solicitó su publicación en Gran Bretaña, donde apareció como "El Evangelio de la Riqueza" en *The Pall Mall Gazette*. Carnegie sostenía que la vida de un industrial rico debía constar de dos partes. La primera parte consistía en reunir y acumular riqueza. La segunda parte consistía en la posterior distribución de esta riqueza a causas benévolas. La filantropía era la clave para que la vida mereciera la pena.

Carnegie era un escritor bien considerado. Publicó tres libros sobre viajes.

Antiimperialismo

Tras la guerra hispano-estadounidense, Estados Unidos parecía dispuesto a anexionarse Cuba, Guam, Puerto Rico y Filipinas. Carnegie se oponía firmemente a la idea de las colonias estadounidenses. Se opuso a la anexión de Filipinas casi hasta el punto de apoyar a William Jennings Bryan contra McKinley en 1900. En 1898, Carnegie intentó conseguir la independencia de Filipinas. Cuando se acercaba el final de la guerra hispano-estadounidense, Estados Unidos compró Filipinas a España por 20 millones de dólares. Para contrarrestar lo que él percibía como imperialismo estadounidense, Carnegie ofreció personalmente 20 millones de dólares a Filipinas para que el pueblo filipino pudiera comprar su independencia de Estados Unidos. Sin embargo, la oferta no prosperó. En 1898 Carnegie se unió a la Liga Antiimperialista Estadounidense, en oposición a la anexión estadounidense de Filipinas. Entre sus miembros figuraban los ex presidentes de Estados Unidos Grover Cleveland y Benjamin Harrison y figuras literarias como Mark Twain.

1901-1919: Filántropo

Carnegie pasó sus últimos años como filántropo. A partir de 1901, la atención pública se desvió de la sagaz perspicacia empresarial que había permitido a Carnegie acumular semejante fortuna, hacia el espíritu público con el que se dedicó a utilizarla en proyectos filantrópicos. Había escrito sus opiniones sobre temas sociales y las responsabilidades de la gran riqueza en *Triumphant Democracy* (1886) y *Gospel of Wealth* (1889). Carnegie dedicó el resto de su vida a aportar capital para fines de interés público y avance social y educativo. Guardaba cartas de agradecimiento de aquellos a los que ayudaba en un cajón de su escritorio etiquetado "Gratitud y dulces palabras".

Aportaba 25.000 dólares anuales al movimiento en pro de la reforma ortográfica. Su organización, la Junta de Ortografía Simplificada, creó el *Manual de Ortografía Simplificada*, escrito íntegramente en ortografía reformada.

3.000 bibliotecas públicas

Entre sus muchos esfuerzos filantrópicos, destacó especialmente la creación de bibliotecas públicas en Estados Unidos, Gran Bretaña, Canadá y otros países de habla inglesa. En este especial interés, Carnegie se inspiró en encuentros con el filántropo Enoch Pratt (1808-1896). La Enoch Pratt Free Library (1886) de Baltimore, Maryland, impresionó profundamente a Carnegie; dijo: "Pratt fue mi guía e inspiración".

En 1908, Carnegie traspasó la gestión del proyecto bibliotecario a su personal, dirigido por James Bertram (1874-1934). La primera biblioteca Carnegie se inauguró en 1883 en Dunfermline. Su método consistía en aportar fondos para construir y equipar la biblioteca, pero sólo a condición de que la autoridad local los igualara proporcionando el terreno y un presupuesto para su funcionamiento y mantenimiento.

Para asegurar el interés local, en 1885 donó 500.000 dólares a Pittsburgh, Pensilvania, para una biblioteca pública; en 1886 donó 250.000 dólares a la ciudad de Allegheny, Pensilvania, para un salón de música y una biblioteca; y donó 250.000 dólares a Edimburgo para una biblioteca gratuita. En total, Carnegie financió unas 3.000 bibliotecas, situadas en 47 estados de EE.UU., y también en Canadá, Gran Bretaña, Irlanda, Australia, Nueva Zelanda, Sudáfrica, las Indias Occidentales y Fiyi. También donó 50.000 libras para ayudar a crear la Universidad de Birmingham en 1899.

Como demostró Van Slyck (1991), durante los últimos años del siglo XIX se adoptó cada vez más la idea de que el público estadounidense debía disponer de bibliotecas gratuitas. Pero el diseño de dichas bibliotecas fue objeto de un prolongado y acalorado debate. Por un lado, la profesión bibliotecaria pedía diseños que favorecieran la eficiencia en la administración y el funcionamiento; por otro, los filántropos adinerados favorecían edificios que reforzaran la metáfora paternalista y realzaran el orgullo cívico. Entre 1886 y 1917, Carnegie reformó tanto la filantropía como el diseño de las bibliotecas, fomentando una correspondencia más estrecha entre ambos.

Invertir en educación, ciencia, pensiones, heroísmo civil, música y paz mundial.

En 1900, Carnegie donó 2 millones de dólares para fundar el Instituto Carnegie de Tecnología (CIT) en Pittsburgh y la misma cantidad en 1902 para fundar la Institución Carnegie en Washington, D.C., para fomentar la investigación y el descubrimiento. Posteriormente realizó más aportaciones a estos y otros institutos. El CIT se conoce ahora como Universidad Carnegie Mellon tras fusionarse con el Instituto Mellon de Investigación Industrial. Carnegie también formó parte de los Consejos de Administración de la Universidad de Cornell y del Instituto de Tecnología Stevens.

En 1911, Carnegie se convirtió en un benefactor comprensivo con George Ellery Hale, que estaba intentando construir el telescopio Hooker de 100 pulgadas (2,5 m) en el Monte Wilson, y donó diez millones de dólares adicionales a la Institución Carnegie con la siguiente sugerencia para acelerar la construcción del telescopio: "Espero que el trabajo en el Monte Wilson sea impulsado vigorosamente, porque estoy muy ansioso por escuchar los resultados que se esperan de él. Me gustaría estar satisfecho antes de partir, de que vamos a pagar a la vieja tierra parte de la deuda que tenemos con ellos revelándoles más claramente que nunca los nuevos cielos." El telescopio vio la primera luz el 2 de noviembre de 1917, con Carnegie aún vivo.

En 1901, en Escocia, donó 10 millones de dólares para crear el Carnegie Trust for the Universities of Scotland. Se creó mediante una escritura que firmó el 7 de junio de 1901, y se constituyó por cédula real el 21 de agosto de 1902. La donación fundacional de 10 millones de dólares era entonces una suma sin precedentes: en aquella época, la ayuda gubernamental total a las cuatro universidades escocesas era de unas 50.000 libras al año. El objetivo del Trust era mejorar y ampliar las oportunidades de investigación científica en las universidades escocesas y permitir a los jóvenes escoceses meritorios y cualificados asistir a una universidad. Posteriormente fue elegido Lord Rector de la Universidad de St. Andrews en diciembre de 1901, e instalado formalmente como tal en octubre de 1902, desempeñando su cargo hasta 1907. También donó grandes sumas de dinero a Dunfermline, su ciudad natal. Además de una biblioteca, Carnegie compró la finca privada que se convirtió en Pittencrieff Park y la abrió a todos los miembros del público, estableciendo el Carnegie Dunfermline Trust en beneficio de la población de Dunfermline. Más tarde, entre 1913 y 1914, se construyó en el parque una estatua de Carnegie en conmemoración de su creación.

Carnegie fue un gran mecenas de la música. Fue uno de los fundadores del Conservatorio Nacional de Música de América de Jeannette Thurber en 1885. Construyó el Carnegie Hall de Nueva York, que se inauguró en 1891 y permaneció en manos de su familia hasta 1925. Su interés por la música le llevó a financiar la construcción de 7.000 órganos de tubos en iglesias y templos, sin preferencia aparente por ninguna confesión o secta religiosa.

En 1913 donó otros 10 millones de dólares para crear el Carnegie United Kingdom Trust, una fundación que concede subvenciones. Transfirió al fideicomiso todas sus donaciones actuales y futuras, excepto las de universidades del Reino Unido. Concedió a los fideicomisarios un amplio poder discrecional, e inauguraron una política de financiación de bibliotecas rurales en lugar de construir edificios para bibliotecas, y de ayuda a la educación musical de la población en lugar de conceder órganos a las iglesias.

En 1901, Carnegie también creó grandes fondos de pensiones para sus antiguos empleados en Homestead y, en 1905, para los profesores universitarios estadounidenses. Este último fondo se convirtió en TIAA-CREF. Un requisito fundamental era que las escuelas relacionadas con la iglesia debían romper sus vínculos religiosos para recibir su dinero.

Carnegie fue un gran benefactor del Instituto Tuskegee para la educación de afroamericanos bajo la dirección de Booker T. Washington. Ayudó a Washington a crear la National Negro Business League.

En 1904, fundó el Carnegie Hero Fund para Estados Unidos y Canadá (unos años más tarde también se estableció en el Reino Unido, Suiza, Noruega, Suecia, Francia, Italia, Países Bajos, Bélgica, Dinamarca y Alemania) para el reconocimiento de actos de heroísmo. Carnegie aportó 1,5 millones de dólares en 1903 para la construcción del Palacio de la Paz en La Haya; y donó 150.000 dólares para un Palacio Panamericano en Washington como sede de la Oficina Internacional de las Repúblicas Americanas.

Cuando se hizo evidente que Carnegie no podría donar toda su fortuna en vida, creó la Carnegie Corporation de Nueva York en 1911 "para promover el avance y la difusión del conocimiento y la comprensión" y continuar con su programa de donaciones.

Carnegie fue honrado por su filantropía y su apoyo a las artes con la iniciación como miembro honorario de la fraternidad Phi Mu Alpha Sinfonia el 14 de octubre de 1917, en el Conservatorio de Música de Nueva Inglaterra de Boston, Massachusetts. La misión de la fraternidad refleja los valores de Carnegie: formar a jóvenes que compartan su talento para crear armonía en el mundo.

Para los estándares de los magnates del siglo XIX, Carnegie no era un hombre especialmente despiadado, sino un humanitario con suficiente afán adquisitivo como para dedicarse a la búsqueda despiadada de dinero. "Quizá con la entrega de su dinero", comentó su biógrafo Joseph Wall, "justificaría lo que había hecho para conseguirlo".

Para algunos, Carnegie representa la idea del sueño americano. Fue un inmigrante escocés que llegó a Estados Unidos y alcanzó el éxito. No sólo se le conoce por sus éxitos, sino por sus ingentes obras filantrópicas, no sólo para obras benéficas, sino también para promover la democracia y la independencia de los países colonizados.

Muerte

Carnegie murió el 11 de agosto de 1919 en Lenox, Massachusetts, en su finca de Shadow Brook, de neumonía bronquial. Ya había regalado 350.695.653 dólares (unos 5.980 millones de dólares en 2022) de su fortuna. Tras su muerte, sus últimos 30 millones de dólares los donó a fundaciones, organizaciones benéficas y pensionistas. Fue enterrado en el cementerio de Sleepy Hollow, en Sleepy Hollow, Nueva York. La tumba se encuentra en el terreno de Arcadia Hebron, en la esquina de Summit Avenue y Dingle Road. Carnegie está enterrado a pocos metros del organizador sindical Samuel Gompers, otra importante figura de la industria en la Edad Dorada.

Controversias

1889: Inundación de Johnstown

Carnegie era uno de los más de 50 miembros del Club de Pesca y Caza South Fork, al que se ha culpado de la inundación de Johnstown que mató a 2.209 personas en 1889.

A sugerencia de su amigo Benjamin Ruff, Henry Clay Frick, socio de Carnegie, había formado el exclusivo Club de Pesca y Caza South Fork, en lo alto de Johnstown, Pensilvania. Los sesenta y tantos miembros del club eran los principales magnates de los negocios del oeste de Pensilvania y entre ellos se encontraban el mejor amigo de Frick, Andrew Mellon, sus abogados Philander Knox y James Hay Reed, así como el socio comercial de Frick, Carnegie. En lo alto de la ciudad, cerca de la pequeña localidad de South Fork, la presa de South Fork fue construida originalmente entre 1838 y 1853 por la Commonwealth de Pensilvania como parte de un sistema de canales que se utilizaría como embalse para una cuenca de canales en Johnstown. Con la llegada del ferrocarril, que sustituyó al transporte por barcaza, el lago fue abandonado por la Commonwealth, vendido al Ferrocarril de Pensilvania y de nuevo a intereses privados, hasta que en 1881 pasó a ser propiedad del Club de Pesca y Caza de South Fork. Antes de la inundación, los especuladores habían comprado el embalse abandonado, habían hecho reparaciones poco bien diseñadas en la antigua presa, habían elevado el nivel del lago, habían construido casas de campo y un club, y habían creado el Club de Pesca y Caza de South Fork. A menos de 32 km río abajo de la presa se encontraba la ciudad de Johnstown.

La presa tenía 22 m de altura y 284 m de longitud. Entre 1881, cuando se inauguró el club, y 1889, la presa tuvo frecuentes fugas y fue parcheada, sobre todo con barro y paja. Además, un propietario anterior retiró y vendió como chatarra los tres tubos de descarga de hierro fundido que antes permitían una liberación controlada del agua. Se había especulado sobre la integridad de la presa, y el jefe de la Cambria Iron Works, río abajo, en Johnstown, había expresado su preocupación. Los trabajos de reparación, la reducción de la altura, el deshielo inusualmente alto y las fuertes lluvias de primavera se combinaron para hacer que la presa cediera el 31 de mayo de 1889, provocando que veinte millones de toneladas de agua se deslizaran por el valle en la inundación de Johnstown. Cuando la noticia de la rotura de la presa se transmitió por telégrafo a Pittsburgh, Frick y otros miembros del Club de Pesca y Caza de South Fork se reunieron para formar el Comité de Ayuda de Pittsburgh con el fin de ayudar a las víctimas de la inundación y decidir no hablar nunca públicamente sobre el club o la inundación. Esta estrategia fue un éxito, y Knox y Reed pudieron evitar todas las demandas que hubieran podido culpar a los miembros del club.

Aunque las instalaciones de Cambria Iron and Steel resultaron muy dañadas por la inundación, volvieron a funcionar a pleno rendimiento al cabo de un año. Después de la inundación, Carnegie construyó en Johnstown una nueva biblioteca para sustituir a la que había construido el principal asesor jurídico de Cambria, Cyrus Elder, que quedó destruida en la inundación. La biblioteca donada por Carnegie es ahora propiedad de la Johnstown Area Heritage Association, y alberga el Museo de la Inundación.

1892: Huelga en Homestead

La huelga de Homestead fue un sangriento enfrentamiento laboral que duró 143 días en 1892, uno de los más graves de la historia de Estados Unidos. El conflicto se centró en la planta principal de Carnegie Steel en Homestead, Pensilvania, y surgió de una disputa laboral entre la Asociación Amalgamada de Trabajadores del Hierro y el Acero (AA) y la Carnegie Steel Company.

Carnegie se marchó de viaje a Escocia antes de que los disturbios alcanzaran su punto álgido. Al hacerlo, Carnegie dejó la mediación de la disputa en manos de su socio y asociado Henry Clay Frick. Frick era bien conocido en los círculos industriales por mantener un acérrimo antisindicalismo. Como el convenio colectivo entre el sindicato y la empresa expiraba a finales de junio, Frick y los dirigentes del sindicato local AA entablaron negociaciones en febrero. Ante la buena marcha de la industria siderúrgica y la subida de los precios, el sindicato AA pidió un aumento salarial; el sindicato AA representaba a unos 800 de los 3.800 trabajadores de la planta. Frick respondió inmediatamente con una reducción salarial media del 22%, que afectaría a casi la mitad de los miembros del sindicato y eliminaría varios puestos de la unidad de negociación.

El sindicato y la empresa no llegaron a un acuerdo y la dirección cerró el sindicato. Los trabajadores consideraron el paro un "cierre patronal" y no una "huelga" de los trabajadores. Como tal, los trabajadores habrían estado en su derecho de protestar, y la acción gubernamental subsiguiente habría sido un conjunto de procedimientos penales diseñados para aplastar lo que se consideraba una manifestación fundamental del creciente movimiento por los derechos laborales, al que se oponía firmemente la dirección. Frick trajo a miles de rompehuelgas para trabajar en las acerías y a agentes de Pinkerton para protegerlos.

El 6 de julio, la llegada de una fuerza de 300 agentes de Pinkerton procedentes de Nueva York y Chicago dio lugar a una pelea en la que murieron 10 hombres -siete huelguistas y tres Pinkertons- y cientos resultaron heridos. El gobernador de Pensilvania, Robert Pattison, ordenó el envío de dos brigadas de la milicia estatal al lugar de la huelga. Entonces, supuestamente en respuesta a la lucha entre los trabajadores en huelga y los Pinkerton, el anarquista Alexander Berkman disparó contra Frick en un intento de asesinato, hiriéndole. Aunque no estaba directamente relacionado con la huelga, Berkman fue vinculado al intento de asesinato. Según Berkman, "... con la eliminación de Frick, la responsabilidad de las condiciones de Homestead recaería en Carnegie". Posteriormente, la empresa reanudó con éxito sus operaciones con empleados inmigrantes no sindicados en lugar de los trabajadores de la planta de Homestead, y Carnegie regresó a Estados Unidos. Sin embargo, la reputación de Carnegie quedó permanentemente dañada por los sucesos de Homestead.

Theodore Roosevelt

Según David Nasaw, después de 1898, cuando Estados Unidos entró en guerra con España, Carnegie dedicó cada vez más energía a apoyar el pacifismo. Se opuso firmemente a la guerra y a la posterior toma imperialista de Filipinas por parte de Estados Unidos. Cuando Theodore Roosevelt llegó a la presidencia en 1901,

Carnegie y Roosevelt mantenían un contacto frecuente. Intercambiaron cartas, se comunicaron a través de amigos comunes como el Secretario de Estado John Hay, y se conocieron en persona. Carnegie esperaba que Roosevelt liberara a Filipinas, sin darse cuenta de que era más imperialista y creyente en las virtudes guerreras de lo que había sido el presidente McKinley. Saludó a Roosevelt por obligar a Alemania y Gran Bretaña a arbitrar su conflicto con Venezuela en 1903, y especialmente por convertirse en el mediador que negoció el fin de la guerra entre Rusia y Japón en 1907-1908. Roosevelt contó con Carnegie para financiar su expedición a África en 1909. A cambio, pidió al ex presidente que mediara en el creciente conflicto entre los primos que gobernaban Gran Bretaña y Alemania. Roosevelt empezó a hacerlo, pero el plan se vino abajo cuando el rey Eduardo VII murió repentinamente. Nasaw sostiene que Roosevelt engañó y manipuló sistemáticamente a Carnegie, y despreció al anciano. Nasaw cita una carta privada que Roosevelt escribió a Whitelaw Reid en 1905:

[He intentado por todos los medios que me guste Carnegie, pero es bastante difícil. No hay ningún tipo de hombre por el que sienta una aversión más despectiva que por el que hace de la mera obtención de dinero un dios y, al mismo tiempo, está siempre gritando ese tipo de condena totalmente estúpida de la guerra que, en casi todos los casos, surge de una combinación de valor físico defectuoso, de un encogimiento poco varonil ante el dolor y el esfuerzo, y de unos ideales irremediablemente retorcidos. Todo el sufrimiento de la guerra española está muy por debajo del sufrimiento, evitable y no evitable, entre los operarios de las fábricas de acero de Carnegie, y entre los pequeños inversores, durante el tiempo en que Carnegie estaba haciendo su fortuna.... Es una locura tan nociva denunciar la guerra per se como denunciar los negocios per se. La guerra injusta es un mal espantoso; pero no estoy en absoluto seguro de que sea un mal peor que la injusticia empresarial.

Vida privada

Familia

Carnegie no quiso casarse en vida de su madre, sino que optó por cuidar de ella en su enfermedad hacia el final de su vida. Tras su muerte en 1886, Carnegie, de 51 años, se casó con Louise Whitfield, 21 años menor que él. En 1897, la pareja tuvo a su única hija, Margaret, a la que pusieron el nombre de la madre de Carnegie.

Residencia

Carnegie compró el castillo de Skibo, en Escocia, y estableció parte de su residencia allí y parte en su mansión de Nueva York, situada en el número 2 de la calle 91 Este, en la Quinta Avenida. El edificio se terminó a finales de 1902, y allí vivió hasta su muerte en 1919. Su esposa Louise siguió viviendo allí hasta su muerte en 1946. En la actualidad, el edificio se utiliza como Cooper-Hewitt, Museo Smithsonian de Diseño, que forma parte de la Smithsonian Institution. El barrio que lo rodea, en el Upper East Side de Manhattan, ha pasado a llamarse Carnegie Hill. La mansión fue declarada Monumento Histórico Nacional en 1966.

Filosofía

Política

Carnegie prestó "lealtad formal" al Partido Republicano, aunque se decía que era "un violento opositor de algunas de las doctrinas más sagradas" del partido.

Dictado de Andrew Carnegie

En sus últimos días, Carnegie sufrió una neumonía. Antes de su muerte, el 11 de agosto de 1919, Carnegie había donado 350.695.654 dólares para diversas causas. El "Dictum de Andrew Carnegie" era:

- Pasar el primer tercio de la vida recibiendo toda la educación posible.

- Pasar el siguiente tercio ganando todo el dinero que se pueda.

- Pasar el último tercio dándolo todo para causas que merezcan la pena.

Carnegie participaba en causas filantrópicas, pero se mantenía alejado de los círculos religiosos. Quería ser identificado por el mundo como un "positivista". En la vida pública estuvo muy influido por John Bright.

Sobre la riqueza

Ya en 1868, a la edad de 33 años, redactó un memorándum para sí mismo. Escribió: "... La acumulación de riquezas es una de las peores especies de idolatría. No hay ídolo más degradante que la adoración del dinero". Para evitar degradarse, escribió en el mismo memorándum que se retiraría a los 35 años para dedicarse a la práctica de la filantropía, pues "... el hombre que muere así de rico muere deshonrado". Sin embargo, no comenzó su labor filantrópica en serio hasta 1881, a los 46 años, con la donación de una biblioteca a su ciudad natal, Dunfermline (Escocia).

Carnegie escribió "El Evangelio de la Riqueza", un artículo en el que exponía su creencia de que los ricos debían utilizar su riqueza para contribuir al enriquecimiento de la sociedad. En ese artículo, Carnegie también expresaba su simpatía por las ideas de una fiscalidad progresiva y un impuesto sobre el patrimonio:

La creciente disposición a gravar cada vez más los grandes patrimonios dejados al morir es un indicio alentador del crecimiento de un cambio saludable en la opinión pública. El Estado de Pennsylvania toma ahora -con algunas excepciones- una décima parte de la propiedad dejada por sus ciudadanos. El presupuesto presentado el otro día en el Parlamento británico propone aumentar el impuesto sobre sucesiones y, lo que es más significativo, el nuevo impuesto será gradual. De todas las formas de tributación, ésta parece la más sabia. Los hombres que siguen atesorando grandes sumas durante toda su vida, cuyo uso adecuado para fines públicos beneficiaría a la comunidad de la que proceden principalmente, deberían sentir que la comunidad, en forma de Estado, no puede verse privada de su parte correspondiente. Al gravar fuertemente los bienes al morir, el Estado condena la vida indigna del millonario egoísta.

Lo que sigue procede de uno de los memorandos que Carnegie se escribió a sí mismo:

No sólo de pan vive el hombre. He conocido a millonarios que se mueren de hambre por falta del alimento que sólo puede sostener todo lo que hay de humano en el hombre, y conozco a obreros, y a muchos hombres llamados pobres, que se deleitan con lujos que esos millonarios no pueden alcanzar. Es la mente la que hace rico al cuerpo. No hay clase tan lamentablemente miserable como la que posee dinero y nada más. El dinero sólo puede ser el útil esclavo de cosas inconmensurablemente superiores a él. Exaltado más allá de esto, como a veces lo es, sigue siendo Calibán todavía y sigue haciendo de bestia. Mis aspiraciones toman un vuelo más alto. La mía es haber contribuido a la iluminación y a las alegrías de la mente, a las cosas del espíritu, a todo lo que tiende a traer a las vidas de los trabajadores de Pittsburgh dulzura y luz.

Considero que éste es el uso más noble posible de la riqueza.

Influencias intelectuales

Carnegie se declaraba defensor del pensamiento evolucionista, en particular de la obra de Herbert Spencer, al que llegó a declarar su maestro. Aunque Carnegie decía ser discípulo de Spencer, muchas de sus acciones iban en contra de las ideas que defendía.

La evolución spenceriana estaba a favor de los derechos individuales y en contra de la interferencia del gobierno. Además, la evolución spenceriana sostenía que había que dejar perecer a quienes no eran aptos para sostenerse por sí mismos. Spencer creía que al igual que había muchas variedades de escarabajos, modificados respectivamente para existir en un lugar concreto de la naturaleza, también la sociedad humana había "caído espontáneamente en la división del trabajo". Los individuos que sobrevivieran a ésta, la última y más elevada etapa del progreso evolutivo, serían "aquellos en los que el poder de autoconservación fuera mayor: los selectos de su generación". Además, Spencer percibía la autoridad gubernamental como prestada por el pueblo para cumplir los objetivos transitorios de establecer la cohesión social, el aseguramiento de los derechos y la seguridad. La "supervivencia del más apto" spenceriana acredita firmemente que cualquier disposición adoptada para ayudar a los débiles, inexpertos, pobres y angustiados es un perjuicio imprudente para la evolución. Spencer insistía en que la gente debe resistir en beneficio de la humanidad colectiva, ya que el destino severo señala a los débiles, libertinos y discapacitados.

El enfoque político y económico de Andrew Carnegie a finales del siglo XIX y principios del XX fue la defensa de la economía del laissez-faire. Carnegie se opuso rotundamente a la intromisión del gobierno en el comercio, así como a las organizaciones benéficas patrocinadas por el gobierno. Carnegie creía que la concentración de capital era esencial para el progreso de la sociedad y debía fomentarse. Carnegie era un ardiente partidario de la "supervivencia del más fuerte" comercial y trató de lograr la inmunidad frente a los desafíos empresariales dominando todas las fases del procedimiento de fabricación del acero. La determinación de Carnegie de reducir costes incluía también recortar los gastos de mano de obra. De manera notablemente spenceriana, Carnegie argumentaba que los sindicatos impedían la reducción natural de los precios al elevar los costes, lo que bloqueaba el progreso evolutivo. Carnegie consideraba que los sindicatos representaban el estrecho interés de unos pocos, mientras que sus acciones beneficiaban a toda la comunidad.

A primera vista, Andrew Carnegie parece ser un estricto capitalista del laissez-faire y seguidor de Herbert Spencer, refiriéndose a menudo a sí mismo como discípulo de Spencer. A la inversa, Carnegie, un titán de la industria, parece encarnar todas las cualidades de la supervivencia spenceriana del más fuerte. Los dos hombres se respetaban mutuamente y mantuvieron correspondencia hasta la muerte de Spencer en 1903. Sin embargo, existen algunas discrepancias importantes entre las concepciones evolucionistas capitalistas de Spencer y las prácticas capitalistas de Andrew Carnegie.

Spencer escribió que en la producción las ventajas del individuo superior son comparativamente menores, y por lo tanto aceptables, sin embargo el beneficio que el dominio proporciona a aquellos que controlan un gran segmento de la producción podría ser peligroso para la competencia. Spencer temía que la ausencia de "autocontrol comprensivo" de quienes tienen demasiado poder pudiera llevar a la ruina a sus competidores. No creía que la competencia del libre mercado requiriera una guerra competitiva. Además, Spencer sostenía que los individuos con recursos superiores que utilizaban deliberadamente planes de inversión para dejar a sus competidores fuera del negocio estaban cometiendo actos de "asesinato comercial". Carnegie construyó su riqueza en la industria siderúrgica manteniendo un sistema de explotación ampliamente integrado. Carnegie también compró a algunos competidores regionales y se fusionó con otros, manteniendo normalmente la mayoría de las acciones de las empresas. En el transcurso de veinte años, las propiedades siderúrgicas de Carnegie crecieron hasta incluir la Edgar Thomson Steel Works, la Lucy Furnace Works, la Union Iron Mills, la Homestead Works, la Keystone Bridge Works, la Hartman Steel Works, la Frick Coke Company y las minas de mineral de Scotia, entre otros muchos activos relacionados con la industria.

Herbert Spencer estaba absolutamente en contra de la interferencia del gobierno en los negocios en forma de limitaciones regulatorias, impuestos y aranceles también. Spencer veía los aranceles como una forma de imposición que gravaba a la mayoría en servicio "del beneficio de una pequeña minoría de fabricantes y artesanos".

A pesar de la dedicación personal de Carnegie a Herbert Spencer como amigo, su adhesión a las ideas políticas y económicas de Spencer es más discutible. En particular, parece que Carnegie malinterpretó o tergiversó intencionadamente algunos de los principales argumentos de Spencer. Spencer comentó en su primera visita a las acerías de Carnegie en Pittsburgh, que Carnegie veía como la manifestación de la filosofía de Spencer: "Seis meses de residencia aquí justificarían el suicidio".

Las condiciones de la sociedad humana crean para ello una exigencia imperiosa; la concentración de capitales es una necesidad para satisfacer las exigencias de nuestros días, y como tal no debe mirarse con recelo, sino fomentarse. No hay en ello nada perjudicial para la sociedad humana, sino mucho que es, o pronto será, beneficioso. Es una evolución de lo heterogéneo a lo homogéneo, y es claramente otro paso en el camino ascendente del desarrollo.

En el tema de la caridad, las acciones de Andrew Carnegie divergieron de la manera más significativa y compleja de las filosofías de Herbert Spencer. En su ensayo de 1854 "Modales y moda", Spencer se refirió a la educación pública como "viejos esquemas". Continuó declarando que las escuelas y colegios públicos llenan las cabezas de los estudiantes con conocimientos ineptos e inútiles y excluyen los conocimientos útiles. Spencer declaró que no confiaba en ninguna organización de ningún tipo, "política, religiosa, literaria, filantrópica", y creía que a medida que aumentaban en influencia también lo hacían sus reglamentos. Además, Spencer pensaba que a medida que todas las instituciones crecían se corrompían cada vez más por la influencia del poder y el dinero. La institución acaba perdiendo su "espíritu original y se hunde en un mecanismo sin vida". Spencer insistía en que todas las formas de filantropía que elevaban a los pobres y oprimidos eran imprudentes e incompetentes. Spencer pensaba que cualquier intento de evitar "los sufrimientos realmente saludables" de los menos afortunados "lega a la posteridad una maldición cada vez mayor". Carnegie, autoproclamado devoto de Spencer, declaró ante el Congreso el 5 de febrero de 1915: "Mi negocio es hacer todo el bien que pueda en el mundo; me he retirado de cualquier otro negocio".

Carnegie sostenía que el progreso de la sociedad dependía de individuos que mantuvieran obligaciones morales consigo mismos y con la sociedad. Además, creía que la caridad proporcionaba los medios para que aquellos que deseaban mejorar alcanzaran sus objetivos. Carnegie instaba a otras personas adineradas a contribuir a la sociedad en forma de parques, obras de arte, bibliotecas y otros empeños que mejoraran la comunidad y contribuyeran al "bien duradero". Carnegie también tenía una firme opinión en contra de la riqueza heredada. Carnegie creía que los hijos de empresarios prósperos rara vez tenían tanto talento como sus padres. Al dejar grandes sumas de dinero a sus hijos, los ricos empresarios desperdiciaban recursos que podrían utilizarse en beneficio de la sociedad. En particular, Carnegie creía que los futuros líderes de la sociedad surgirían de las filas de los pobres. Carnegie creía firmemente en esto porque él había ascendido desde lo más bajo. Creía que los pobres tenían ventaja sobre los ricos porque recibían más atención de sus padres y se les enseñaba una mejor ética del trabajo.

Religión y visión del mundo

Carnegie y su familia pertenecían a la Iglesia Presbiteriana de los Estados Unidos de América, también conocida informalmente como Iglesia Presbiteriana del Norte. En sus primeros años, Carnegie se mostró escéptico ante el calvinismo y la religión en general, pero se reconcilió con ella más adelante. En su autobiografía, Carnegie describe a su familia como creyentes presbiterianos moderados, escribiendo que "no había ni un solo presbiteriano ortodoxo" en su familia; varios miembros de su familia se habían distanciado un tanto del calvinismo, inclinándose algunos de ellos más hacia el suecoborgianismo. De niño, su familia protagonizó enérgicas disputas teológicas y políticas. Su madre evitaba el tema de la religión. Su padre abandonó la iglesia presbiteriana tras un sermón sobre la condenación infantil, mientras que, según Carnegie, seguía siendo muy religioso por su cuenta.

Como testigo del sectarismo y las luchas religiosas y filosóficas en la Escocia del siglo XIX, Carnegie se mantuvo alejado de la religión organizada y el teísmo. En su lugar, Carnegie prefirió ver las cosas a través de términos naturalistas y científicos afirmando: "No sólo me había librado de la teología y lo sobrenatural, sino que había encontrado la verdad de la evolución."

Más adelante, la firme oposición de Carnegie a la religión se suavizó. Durante muchos años fue miembro de la Iglesia Presbiteriana de Madison Avenue, cuyo pastor entre 1905 y 1926 fue el exponente del Evangelio Social Henry Sloane Coffin, mientras que su esposa y su hija pertenecían a la Iglesia Presbiteriana de Brick. También preparó (pero no pronunció) un discurso en el que profesaba su creencia en "una Energía Infinita y Eterna de la que proceden todas las cosas". Existe constancia de un breve periodo de correspondencia entre 1912 y 1913 entre Carnegie y 'Abdu'l-Bahá, el hijo mayor de Bahá'u'lláh, fundador de la Fe bahá'í. En estas cartas, una de las cuales se publicó íntegramente en *The New York Times*, se ensalza a Carnegie como "amante del mundo de la humanidad y uno de los fundadores de la Paz Universal".

Paz mundial

Influenciado por su "héroe vivo favorito en la vida pública" John Bright, Carnegie inició sus esfuerzos en pos de la paz mundial a una edad temprana, y apoyó causas que se oponían a la intervención militar. Su lema, "Todo va bien desde que todo va mejor", sirvió no sólo para racionalizar su exitosa carrera empresarial, sino también su visión de las relaciones internacionales.

A pesar de sus esfuerzos en pro de la paz internacional, Carnegie se enfrentó a muchos dilemas en su búsqueda.

Estos dilemas suelen considerarse conflictos entre su visión de las relaciones internacionales y sus otras lealtades. A lo largo de las décadas de 1880 y 1890, por ejemplo, Carnegie permitió que sus acerías abastecieran grandes pedidos de planchas de blindaje para la construcción de una Armada estadounidense ampliada y modernizada, pero se opuso a la expansión ultramarina de Estados Unidos.

A pesar de ello, Carnegie fue uno de los principales donantes del recién creado Palacio de la Paz de la Corte Internacional de Arbitraje, hijo del zar ruso Nicolás II.

Su mayor organización pacifista, y a la larga la más influyente, fue la Fundación Carnegie para la Paz Internacional, creada en 1910 con una dotación de 10 millones de dólares. En 1913, en la inauguración del Palacio de la Paz de La Haya, Carnegie predijo que el final de la guerra *llegaría tan pronto como el día a la noche.*

En 1914, en vísperas de la Primera Guerra Mundial, Carnegie fundó la Church Peace Union (CPU), un grupo de líderes religiosos, académicos y políticos. A través de la CPU, Carnegie esperaba movilizar a las iglesias, organizaciones religiosas y otros recursos espirituales y morales del mundo para que se unieran en la promoción de un liderazgo moral que pusiera fin a la guerra para siempre. Para su acto internacional inaugural, la CPU patrocinó una conferencia que se celebraría el 1 de agosto de 1914 a orillas del lago Constanza, en el sur de Alemania. Cuando los delegados se dirigían a la conferencia en tren, Alemania estaba invadiendo Bélgica.

A pesar de sus comienzos poco propicios, la CPU prosperó. Hoy se centra en la ética y se conoce como Carnegie Council for Ethics in International Affairs, una organización independiente, no partidista y sin ánimo de lucro, cuya misión es ser la voz de la ética en los asuntos internacionales.

El estallido de la Primera Guerra Mundial supuso una clara conmoción para Carnegie y su optimista visión de la paz mundial. Aunque su promoción del antiimperialismo y la paz mundial había fracasado, y la Fundación Carnegie no había colmado sus expectativas, sus creencias e ideas sobre las relaciones internacionales habían contribuido a sentar las bases de la Sociedad de Naciones tras su muerte, que llevó la paz mundial a otro nivel.

Expansión colonial de Estados Unidos

En cuanto a la expansión colonial estadounidense, Carnegie siempre pensó que era un gesto imprudente por parte de Estados Unidos. No se opuso a la anexión de las islas Hawai o Puerto Rico, pero sí a la de Filipinas. Carnegie creía que suponía una negación del principio democrático fundamental, y también instó a William McKinley a que retirara las tropas estadounidenses y permitiera a los filipinos vivir con su independencia. Este acto impresionó fuertemente a los demás antiimperialistas estadounidenses, que pronto le eligieron vicepresidente de la Liga Antiimperialista.

Tras vender su empresa siderúrgica en 1901, Carnegie pudo implicarse de lleno en la causa de la paz, tanto financiera como personalmente. Regaló gran parte de su fortuna a diversos organismos pacifistas para que siguieran creciendo. Cuando un amigo, el escritor británico William T. Stead, le pidió que creara una nueva organización con el objetivo de una sociedad de paz y arbitraje, su respuesta fue:

No veo que sea sensato dedicar nuestros esfuerzos a crear otra organización. Claro que puedo equivocarme al creerlo, pero desde luego no me equivoco al pensar que si dependiera del dinero de cualquier millonario empezaría siendo objeto de lástima y acabaría siendo objeto de burla. Me extraña que no veas esto. No hay nada que quite más fuerza a una causa justa que el dinero de un millonario. Su vida se mancha con ello.

Carnegie creía que es el esfuerzo y la voluntad de la gente lo que mantiene la paz en las relaciones internacionales. El dinero es sólo un empujón para el acto. Si la paz mundial dependiera únicamente del apoyo financiero, no parecería un objetivo, sino más bien un acto de piedad.

Al igual que Stead, creía que Estados Unidos y el Imperio Británico se fusionarían en una sola nación, diciéndole: "Nos dirigimos directamente hacia los Estados Re-Unidos". Carnegie creía que el poder combinado de ambos países mantendría la paz mundial y el desarme. La creación de la Fundación Carnegie para la Paz Internacional en 1910 se consideró un hito en el camino hacia el objetivo final de la abolición de la guerra. Además de donar 10 millones de dólares para la promoción de la paz, Carnegie fomentó la investigación "científica" de las diversas causas de la guerra y la adopción de métodos judiciales que acabaran por eliminarlas. Creía que la Fundación existía para promover la información sobre los derechos y responsabilidades de las naciones según el derecho internacional vigente y para animar a otras conferencias a codificar este derecho.

Legado y honores

Carnegie recibió el título honorario de Doctor en Derecho (DLL) por la Universidad de Glasgow en junio de 1901, y la Libertad de la ciudad de Glasgow "en reconocimiento a su munificencia" ese mismo año. En julio de 1902 recibió la Libertad de la ciudad de St Andrews, "en testimonio de su gran celo por el bienestar de sus semejantes a ambos lados del Atlántico", y en octubre de 1902 la Libertad de la ciudad de Perth "en testimonio de su gran valía personal y su beneficiosa influencia, y en reconocimiento de las amplias benefacciones otorgadas en esta y otras tierras, y especialmente en gratitud por la dotación concedida por él para la promoción de la educación universitaria en Escocia", así como la Libertad de la ciudad de Dundee. También en 1902 fue elegido miembro de la American Philosophical Society. En 1906 recibió el título honorario de Doctor en Derecho (LLD) por la Universidad de Aberdeen. En 1910 recibió la Libertad de la ciudad de Belfast y fue nombrado Comendador de la Orden Nacional de la Legión de Honor por el gobierno francés. El 25 de agosto de 1913, la Reina Guillermina de los Países Bajos le concedió la Gran Cruz de Caballero de la Orden de Orange-Nassau. El 1 de julio de 1914, Carnegie recibió el doctorado honoris causa de la Universidad de Groningen (Países Bajos).

- El dinosaurio *Diplodocus carnegiei* (Hatcher) debe su nombre a Carnegie, que patrocinó la expedición que descubrió sus restos en la Formación Morrison (Jurásico) de Utah. Carnegie estaba tan orgulloso de "Dippy" que mandó hacer moldes de los huesos y réplicas en yeso de todo el esqueleto que donó a varios museos de Europa y Sudamérica. El esqueleto fósil original está montado y expuesto en el Salón de los Dinosaurios del Museo Carnegie de Historia Natural de Pittsburgh (Pensilvania).

- Tras la guerra hispano-estadounidense, Carnegie ofreció donar 20 millones de dólares a Filipinas para que pudiera comprar su independencia.

- Carnegie, en Pensilvania, y Carnegie, en Oklahoma, fueron bautizadas en su honor.

- El nombre científico del cactus saguaro, *Carnegiea gigantea, se* debe a él.

- En su nombre se creó la Medalla Carnegie a la mejor literatura infantil publicada en el Reino Unido.

- La Carnegie Faculty of Sport and Education, de la Leeds Beckett University (Reino Unido), lleva su nombre.

- Las salas de conciertos de Dunfermline y Nueva York llevan su nombre.

- En el apogeo de su carrera, Carnegie era la segunda persona más rica del mundo, sólo por detrás de John D. Rockefeller, de Standard Oil.

- La Universidad Carnegie Mellon de Pittsburgh debe su nombre a Carnegie, que fundó la institución como las Escuelas Técnicas Carnegie.

- El Lauder College (llamado así por su tío George Lauder Sr.), en la zona de Halbeath de Dunfermline, pasó a llamarse Carnegie College en 2007.

- Una calle de Belgrado (Serbia), junto a la Biblioteca Universitaria de Belgrado, que es una de las bibliotecas Carnegie, lleva su nombre en su honor.

- Un instituto estadounidense, el Carnegie Vanguard High School de Houston (Texas), lleva su nombre.

- Carnegie recibió la Libertad del Burgo de Kilmarnock (Escocia) en 1903, antes de colocar la primera piedra de la Escuela Pública de Loanhead.

Benefacciones

Según su biógrafo Burton J. Hendrick:

Sus donaciones ascendieron a 350.000.000 de dólares, ya que no sólo donó sus ingresos anuales de algo más de 12.500.000 dólares, sino también la mayor parte del capital. De esta suma, 62.000.000 de dólares se destinaron al Imperio Británico y 288.000.000 a Estados Unidos, ya que Carnegie, en general, limitó sus donaciones a las naciones de habla inglesa. Sus mayores donaciones fueron 125.000.000 de dólares a la Carnegie Corporation de Nueva York (este mismo organismo también se convirtió en su legatario residual), 60.000.000 de dólares a edificios de bibliotecas públicas, 20.000.000 de dólares a universidades (normalmente las más pequeñas), 6.000.000 de dólares a órganos de iglesias, 29.000.000 de dólares a la Fundación Carnegie para el Avance de la Enseñanza, 22.000.000 $ al Instituto Carnegie de Pittsburgh, 22.000.000 $ a la Institución Carnegie de Washington, 10.000.000 $ a Hero Funds, 10.000.000 $ a la Fundación para la Paz Internacional, 10.000.000 $ al Scottish Universities Trust, 10.000.000 $ al United Kingdom Trust y 3.750.000 $ al Dunfermline Trust.

Hendrick argumenta que:

Estas donaciones reflejan fielmente la concepción de Carnegie sobre la mejor manera de mejorar la situación del hombre común. Representan todos sus gustos personales -su amor por los libros, el arte, la música y la naturaleza- y las reformas que consideraba más esenciales para el progreso humano: la investigación científica, la educación tanto literaria como técnica y, sobre todo, la abolición de la guerra. El gasto que el público asocia más con el nombre de Carnegie es el destinado a las bibliotecas públicas. El propio Carnegie decía a menudo que su obra benéfica favorita era el Fondo del Héroe, entre otras razones, porque "salía de mi espalda"; pero probablemente en el fondo de su mente sus donaciones a bibliotecas tenían prioridad sobre todas las demás. Creía que sólo había un remedio genuino para los males que aquejaban a la raza humana: la iluminación. "Hágase la luz" era el lema que, en los primeros tiempos, insistió en colocar en todos los edificios de sus bibliotecas. En cuanto a la mayor dotación de todas, la Carnegie Corporation, no era más que Andrew Carnegie organizado de forma permanente; se estableció para continuar, tras la muerte de Carnegie, la labor a la que había prestado atención personal en vida.

Fuentes de investigación

Las colecciones Carnegie de la Biblioteca de Libros Raros y Manuscritos de la Universidad de Columbia están formadas por los archivos de las siguientes organizaciones fundadas por Carnegie: la Corporación Carnegie de Nueva York (CCNY); la Fundación Carnegie para la Paz Internacional (CEIP); la Fundación Carnegie para el Avance de la Enseñanza (CFAT); y el Consejo Carnegie de Ética y Asuntos Internacionales (CCEIA). Estas colecciones tratan principalmente de la filantropía de Carnegie y tienen muy poco material personal relacionado con Carnegie. La Universidad Carnegie Mellon y la Biblioteca Carnegie de Pittsburgh administran conjuntamente la Colección Andrew Carnegie de archivos digitalizados sobre la vida de Carnegie.

Obras

Carnegie colaboraba con frecuencia en publicaciones periódicas sobre temas laborales.

Libros

- *Our Coaching Trip, Brighton to Inverness* (1882).
- *An American Four-in-hand in Britain* (1883).
- *La vuelta al mundo*. New York: Charles Scribner's Sons (1884).
- *An American Four-in-Hand in Britain*. New York: Charles Scribner's Sons (1886).
- *Triumphant Democracy, or, Fifty Years' March of the Republic*. New York: Charles Scribner's Sons (1886).
- *El Evangelio de la Riqueza* (1889).
- *El evangelio de la riqueza y otros ensayos oportunos*. New York: The Century Co. (1901).
- *El imperio de los negocios* (1902).
    - Audiolibro vía LibriVox.
- *El secreto de los negocios es la gestión de los hombres* (1903).
- *James Watt* (Serie Escoceses Famosos). New York: Doubleday, Page and Co. (1905).
- *Problemas de hoy: Riqueza-Trabajo-Socialismo*. New York: Doubleday, Page and Co. (1907).

- *Autobiografía de Andrew Carnegie* (póstuma). Boston: Houghton Mifflin (1920).
  - Audiolibro vía Librivox.

Artículos
- "Riqueza". *North American Review*, vol. 148, no. 381 (jun. 1889), pp. 653-64. Versión original de *The Gospel of Wealth*.
- "El bugaboo de los fideicomisos". *North American Review*, vol. 148, no. 377 (febrero de 1889).

Folletos
- *El bugaboo de los fideicomisos*. Reimpreso en *North American Review*, vol. 148, no. 377 (febrero de 1889).

Hablar en público
- *Paz industrial: Discurso en la cena anual de la Federación Cívica Nacional, Nueva York, 15 de diciembre de 1904*. [n.c.]: Federación Cívica Nacional (1904).
- *Edwin M. Stanton: Discurso de Andrew Carnegie en el Día de Stanton en Kenyon College*. New York: Doubleday, Page and Co. (1906).
- *El negro en América: An Address Delivered Before the Philosophical Institution of Edinburg, 16 de octubre de 1907*. Inverness: R. Carruthers & Sons, Courier Office (1907).

- *Discurso en la reunión anual de la Peace Society, en el Guildhall, Londres, CE, 24 de mayo de 1910*. Londres: The Peace Society (1910).
- *Una Liga de la Paz: A Rectorial Address Delivered to the Students in the University of St. Andrews, 17th October 1905*. New York: New York Peace Society (1911).

Obras completas
- Wall, Joseph Frazier, ed. *The Andrew Carnegie Reader* (1992).

Otros libros de United Library

https://campsite.bio/unitedlibrary

Milton Keynes UK
Ingram Content Group UK Ltd.
UKHW050439230324
439902UK00015B/439